原価と原価計算・原価計算のあらまし

1　次の各文の（　）のなかに，もっとも適当な語を記入しなさい。

(1)　製造業における経営活動は，購買活動・（　　ア　　　　　　　　　イ　　）活動の三つに分けることができ，これらの経営活動〔バーコード〕（　　　　　　　　　　　　ウ　　）簿記により記録・計算・整理される。

(2)　製品の製造のために消費した（　　　　　　　　　　　）といい，これを計算するシステムのことを（　　オ　　）と

(3)　製品の製造に要する原価を（　　　　　　　原価といい，これに販売費及び一般管理費を加えた原価を（　　キ　　）原価という。また，資金の借り入れなどの財務活動で発生した支払利息や災害など異常な原因による損失は原価に含めない。このような原価に含めない項目を（　　ク　　）項目という。

ア		イ		ウ		エ	
オ		カ		キ		ク	

2　次の説明文にもっとも適した語を下記の語群から選び，記号で答えなさい。

(1)　材料費・労務費・経費に分類した原価要素

(2)　特定の製品を製造するために消費され，直接集計することができる原価要素

(3)　操業度の変動にかかわりなく，発生額が一定している原価要素

(4)　各製品について共通に発生した原価を，各製品に配分する手続き

(5)　操業度がゼロでも一定額発生し，そのうえ操業度の増減に比例して変動する原価要素

(6)　製造業でふつう 1 か月を単位として計算する期間

(7)　種類の異なる特定の製品を個別的に生産する製造業で用いられる原価計算

(8)　標準原価によって製品の原価を計算する原価計算

(9)　製品の製造原価を変動費だけで計算する方法

(10)　材料費・労務費・経費の原価要素別に消費高を計算する第 1 段階の手続き

[語群]　ア．製造間接費　　イ．賦　　　　課　　ウ．製造直接費　　エ．原価計算期間
　　　　オ．変　動　費　　カ．総合原価計算　キ．標準原価計算　ク．原価の三要素
　　　　ケ．配　　　　賦　コ．固　定　費　　サ．部門別計算　　シ．直接原価計算
　　　　ス．準　変　動　費　セ．会　計　期　間　ソ．費目別計算　　タ．個別原価計算

(1)		(2)		(3)		(4)		(5)	
(6)		(7)		(8)		(9)		(10)	

3　次の図の（　）のなかにもっとも適当な語を記入しなさい。

		販売費及び一般管理費	
	（　　イ　　）		（　　エ　　）
直接材料費		（　　ウ　　）	
（　　ア　　）	製造直接費		
直接経費			

ア		イ		ウ		エ	

工業簿記のしくみ

1　下記の取引によって，次の各問いに答えなさい。

(1) 取引の仕訳を示しなさい。

(2) 各製品の製造間接費配賦額を求めなさい。

(3) 原価計算表（略式）を完成しなさい。

取　引

① 材料 ¥1,000,000 を仕入れ，代金は掛けとした。

② 労務費 ¥500,000 を，当座預金から支払った。

③ 経費 ¥274,000 を，当座預金から支払った。

④ 材料を次のとおり消費した。

　　直接材料費 ¥800,000

　　　（製造指図書＃1 ¥250,000 製造指図書＃2 ¥350,000 製造指図書＃3 ¥200,000）

　　間接材料費 ¥120,000

⑤ 労務費を次のとおり消費した。

　　直接労務費 ¥400,000

　　　（製造指図書＃1 ¥125,000 製造指図書＃2 ¥100,000 製造指図書＃3 ¥175,000）

　　間接労務費 ¥56,000

⑥ 経費を次のとおり消費した。

　　直接経費 ¥90,000

　　　（製造指図書＃1 ¥47,000 製造指図書＃2 ¥33,000 製造指図書＃3 ¥10,000）

　　間接経費 ¥84,000

　　販売費及び一般管理費 ¥100,000

⑦ 製造間接費を次の割合で各製品に配賦した。

　　製造指図書＃1　30%　製造指図書＃2　45%　製造指図書＃3　25%

⑧ A製品（製造指図書＃1）とB製品（製造指図書＃2）が完成し，製品勘定に振り替えた。

⑨ A製品（製造指図書＃1）を ¥800,000 で売り渡し，代金は掛けとした。また，A製品の製造原価を売上原価勘定に振り替えた。

(1) 仕　訳

	借　　方	貸　　方
①		
②		
③		
④		
⑤		
⑥		
⑦		

⑧		
⑨		

(2)　製造間接費配賦額

製造指図書＃１　¥
製造指図書＃２　¥
製造指図書＃３　¥

(3)　原価計算表（略式）

製造指図書＃１　　　　　原　価　計　算　表

直接材料費	直接労務費	直接経費	製造間接費	製造原価

製造指図書＃２　　　　　原　価　計　算　表

直接材料費	直接労務費	直接経費	製造間接費	製造原価

製造指図書＃３　　　　　原　価　計　算　表

直接材料費	直接労務費	直接経費	製造間接費	製造原価

2　下記の売上勘定と売上原価勘定および販売費及び一般管理費勘定の残高を損益勘定に振り替える仕訳を示し，転記し，損益勘定以外の各勘定を締め切りなさい。なお，各勘定には相手科目・金額を記入すること。

借　　方	貸　　方

売　　上	
	800,000

売　上　原　価	
500,000	

販売費及び一般管理費	
100,000	

損　　益	

3　次の資料から，下記の各勘定に記入し，損益勘定以外を締め切りなさい。なお，各勘定には相手
科目・金額を記入すること。

資　料

(1)　材　　　料　月初棚卸高　¥　80,000　　当月仕入高（掛け）¥ 1,500,000

消　費　高　¥ 1,240,000

（直接材料費　¥ 1,100,000　間接材料費　¥ 140,000）

(2)　労　務　費　前月未払高　¥　170,000　　当月支払高（現金）¥　750,000

消　費　高　¥　755,000

（直接労務費　¥ 670,000　間接労務費　¥ 85,000）

(3)　経　　　費　前月前払高　¥　60,000　　当月支払高（現金）¥　321,000

消　費　高　¥　295,000

（直接経費　¥ 150,000　間接経費　¥ 25,000　販売費及び一般管理費　¥ 120,000）

(4)　製造間接費配賦額　　¥　250,000

(5)　当月完成品製造原価　¥ 2,000,000

(6)　当月売上製品製造原価　¥ 2,100,000

(7)　当月売上高（掛け）　¥ 2,520,000

材　　　料			
前月繰越	80,000		

労　　務　　費			
		前月繰越	170,000

経　　　費			
前月繰越	60,000		

製　造　間　接　費			

仕　　掛　　品			
前月繰越	200,000		

製　　　品			
前月繰越	900,000		

売　　　上			

売　上　原　価			

販売費及び一般管理費			

損　　　益			

材料費の計算

1　次の説明文にもっとも適した語を下記の語群から選び，記号で答えなさい。
(1)　製品の主要部分となるもの
(2)　外部の企業から買い入れた部品で，加工されずにそのまま製品の一部となるもの
(3)　石炭・石油などのうち，素材として用いられないもの
(4)　塗料・くぎなど製品を製造するために補助的に用いられるもの
(5)　スパナ・ペンチなど耐用年数が1年未満か金額が比較的低いもの
[語群]　ア．燃料　　　イ．素材（原料）　　ウ．消耗工具器具備品　　エ．工場消耗品
　　　　オ．買入部品

(1)		(2)		(3)		(4)		(5)	

2　次の取引の仕訳を示しなさい。
(1)　買入部品¥260,000を買い入れ，代金は掛けとした。なお，引取運賃¥4,000は現金で支払った。
(2)　加工作業用として，スパナ・ペンチとなどの工具¥54,000を買い入れ，代金は現金で支払った。
(3)　素材および工場消耗品を次のとおり買い入れ，代金は小切手を振り出して支払った。
　　　素　　材　　　900個　@¥1,200　¥1,080,000
　　　工場消耗品　2,400〃　〃〃 200　〃　480,000
(4)　月末における素材の帳簿棚卸数量は550個であり，実地棚卸数量は530個であった。よって，素材勘定を修正した。ただし，素材の1個あたりの価格は¥2,500である。

	借　　方	貸　　方
(1)		
(2)		
(3)		
(4)		

3　次の各文の（　）のなかに，もっとも適当な語を記入しなさい。
(1)　出庫伝票に製造指図書の番号が記入されていれば，その材料の消費高は（　ア　）材料費を意味する。この場合，その消費高は（　イ　）勘定の借方に振り替えられる。また，出庫伝票に製造指図書の番号が記入されていなければ，その材料の消費高は（　ウ　）材料費を意味する。この場合，その消費高は（　エ　）勘定の借方に振り替えられる。
(2)　素材や買入部品などの重要な材料の消費数量の計算には，（　オ　）法が適している。また，工場消耗品などの消費数量の計算には，（　カ　）法が用いられる。
(3)　材料の消費単価の計算には，先入先出法・移動平均法・（　キ　）法などの，実際の仕入原価をもとに消費単価を計算する原価法と，将来の一定期間における取得価格を予想することによって定めた消費単価を用いる（　ク　）法がある。

ア		イ		ウ		エ	
オ		カ		キ		ク	

4　次の素材Aの資料によって，先入先出法・移動平均法・総平均法により，材料元帳を記入し，締め切りなさい。また，当月の消費高を計算しなさい。なお，開始記入も示すこと。

資　料

1月1日	前月繰越	200kg	@¥440	¥88,000
11日	受入高	600kg	@¥520	¥312,000
18日	払出高	600kg		
25日	受入高	400kg	@¥560	¥224,000
29日	払出高	400kg		

材　料　元　帳
素　材　A

(先入先出法)　　　　　　　　　　　　　　　　　　　　単位：kg

令和○年		摘　要	受　入			払　出			残　高		
			数量	単価	金　額	数量	単価	金　額	数量	単価	金　額
1	1	前月繰越	200	440	88,000				200	440	88,000

先入先出法による消費高　¥

材　料　元　帳
素　材　A

(移動平均法)　　　　　　　　　　　　　　　　　　　　単位：kg

令和○年		摘　要	受　入			払　出			残　高		
			数量	単価	金　額	数量	単価	金　額	数量	単価	金　額
1	1	前月繰越	200	440	88,000				200	440	88,000

移動平均法による消費高　¥

材　料　元　帳

素　材　A

（総平均法）　　　　　　　　　　　　　　　　　　　　　　　　　　　　　　　　　　単位：kg

令和○年		摘　要	受	入		払	出		残	高	
			数量	単価	金　額	数量	単価	金　額	数量	単価	金　額
1	1	前月繰越	200	440	88,000				200	440	88,000

総平均法による消費高　¥

---

⑤　次の素材に関する資料によって，先入先出法・総平均法による当月の消費高を計算しなさい。

資　料

前月棚卸高　　1,200kg　　@¥200　　¥240,000

当月仕入高　　3,800〃　　〃〃250　　¥950,000

当月消費数量　4,000〃

先入先出法による消費高　¥

総平均法による消費高　¥

---

⑥　次の取引の仕訳を示しなさい。

ただし，ⅰ　前月繰越高は，次のとおりである。

素　　　　材　　300個　　@¥2,500　　¥750,000

工場消耗品　　400〃　　〃〃120　　〃48,000

ⅱ　素材の消費高の計算は先入先出法により，工場消耗品の消費数量の計算は棚卸計算法によっている。

取　引

6月8日　素材および工場消耗品を次のとおり買い入れ，代金は掛けとした。

素　　　　材　　500個　　@¥2,600　　¥1,300,000

工場消耗品　1,000〃　　〃〃120　　〃120,000

15日　C製品（製造指図書＃3）の注文を受け，素材550個を消費して製造を開始した。

30日　工場消耗品の月末棚卸数量は300個であった。よって，消費高を計上した。（間接材料）

	借　　　　方	貸　　　　方
6／8		
15		
30		

7 　次の連続した取引の仕訳を示しなさい。

(1)　素材の予定価格による消費高は次のとおりである。なお，消費材料勘定を設けている。
　　　直接材料費　¥750,000　　　間接材料費　¥120,000
(2)　当月の実際価格による素材の消費高は¥872,000であった。
(3)　予定価格による消費高と実際価格による消費高との差額を，材料消費価格差異勘定に振り替えた。

	借　　　　　方	貸　　　　　方
(1)		
(2)		
(3)		

8 　次の取引の仕訳を示し，下記の各勘定に転記して締め切りなさい。

　　　ただし，　i　素材の前月繰越高は，200kg　@¥925　¥185,000である。
　　　　　　　　ii　各勘定には日付・相手科目・金額を記入すること。

取　引

　3月15日　素材¥800,000（800kg @¥1,000）を買い入れ，代金は掛けとした。
　　31日①　当月の素材予定消費高を次の消費量によって計上した。なお，素材の予定価格は 1 kg につき¥980であり，消費材料勘定を設けている。
　　　　　　　直接材料　600kg　　　間接材料　200kg
　　　　②　素材の実際消費高を計上した。なお，実際消費単価は移動平均法による。
　　　　③　予定価格による消費高と実際価格による消費高との差額を，材料消費価格差異勘定に振り替えた。
　　　　④　会計期末にあたり，材料消費価格差異勘定の残高を売上原価勘定に振り替えた。

	借　　　　　方	貸　　　　　方
3/15		
31①		
②		
③		
④		

素　　　材		消　費　材　料	
3/1 前月繰越 *185,000*			

材料消費価格差異	
	3/1 前月繰越　*3,000*

労務費の計算

1　次の説明文にもっとも適した語を下記の語群から選び，記号で答えなさい。

(1) 製造現場の従業員に支払われる給与

(2) 工場長・技師・工場事務員などに支払われる給与

(3) 臨時雇いの従業員などに支払われる給与

(4) 工場従業員に支払われる賞与（ボーナス），および家族手当・住宅手当などの諸手当

(5) 工場従業員の退職後に支払われる退職給付の当期見積額

(6) 健康保険料・雇用保険料などの社会保険料のうち，事業主が負担する工場従業員に関係する部分

[語群]　ア.　福　利　費　　イ.　雑　　給　　ウ.　給　　料　　エ.　退職給付費用
　　　　オ.　賃　　金　　カ.　従業員賞与手当

(1)		(2)		(3)		(4)		(5)		(6)	

2　次の取引の仕訳を示しなさい。なお，諸手当は賃金勘定に含めない方法で処理すること。

取　引

6月25日　賃金と諸手当を次のとおり当座預金から支払った。

基本賃金　¥2,018,000　　諸手当　¥300,000

うち，控除額　所得税額　¥185,000　　健康保険料　¥93,000

30日　賃金の消費高は，次のとおりであった。

直接賃金　¥1,843,000　　間接賃金　¥327,000

	借　　方	貸　　方
6/25		
30		

3　次の各文の（　）のなかに，もっとも適当な語を記入しなさい。

(1) 賃金は，特定の製品を製造するなど，直接作業を行う従業員に対するものは（　ア　）労務費となり，修繕・運搬などの間接作業を行う従業員に対するものは（　イ　）労務費となる。給料・雑給・従業員賞与手当・退職給付費用・福利費はふつう（　ウ　）労務費となる。

(2) 賃金を支払う基本的形態としては，従業員の作業時間を基礎とする（　エ　）制と，製品の出来高数量を基準とする（　オ　）制がある。

(3) 時間給制の消費賃率には実際賃率と（　カ　）賃率があり，さらに，実際賃率には実際個別賃率と実際（　キ　）賃率がある。

ア		イ		ウ		エ	
オ		カ		キ			

4　次の資料によって，賃金勘定を完成しなさい。また，当月の賃金消費高を求めなさい。

資　料

(1) 前月賃金未払高　¥ 400,000
(2) 当月賃金支払高　¥ 5,230,000
(3) 当月賃金未払高　¥ 380,000

賃　　金			
諸　　口 （　　　　　）	前月繰越 （　　　　　）
次月繰越 （　　　　　）	諸　　口 （　　　　　）
（　　　　　）	（　　　　　）

当 月 の 賃 金 消 費 高 ¥	

5　次の資料によって，当月の賃金消費高と実際平均賃率を求め，賃金の消費に関する仕訳を示しなさい。

資　料

(1) 前月賃金未払高　¥ 200,000
(2) 当月賃金支払高　¥ 3,160,000
(3) 当月賃金未払高　¥ 540,000
(4) 就 業 時 間　700時間
　　　　内　訳：直接作業時間　650時間（製造指図書＃1　350時間　　製造指図書＃2　300時間）
　　　　　　　　間接作業時間　50時間

当 月 の 賃 金 消 費 高　¥	実 際 平 均 賃 率　¥

借　　　方	貸　　　方

6　次の連続した取引の仕訳を示しなさい。

(1) 賃金の予定賃率による消費高は次のとおりである。なお，消費賃金勘定を設けている。
　　　直接賃金　¥ 1,850,000　　　間接賃金　¥ 740,000
(2) 当月の実際賃率による消費高は¥ 2,600,000であった。
(3) 予定賃率による消費高と実際賃率による消費高との差額を，賃率差異勘定に振り替えた。
(4) 会計期末に賃率差異勘定の借方残高¥ 52,000を売上原価勘定に振り替えた。

	借　　　　方	貸　　　　方
(1)		
(2)		
(3)		
(4)		

7　　次の取引の仕訳を示し，下記の各勘定に転記して締め切りなさい。なお，決算は年1回　3月末である。

　　　　ただし，i　賃金の消費高は，作業時間1時間につき¥1,200の予定賃率を用いている。
　　　　　　　　ii　各勘定には日付・相手科目・金額を記入すること。

取引
　　　5月25日　賃金を次のとおり当座預金から支払った。
　　　　　　　賃金総額　¥5,650,000
　　　　　　　　うち，控除額　　所得税　¥450,000　　健康保険料　¥200,000
　　　31日①　当月賃金予定消費高を次の作業時間によって計上した。
　　　　　　　製造指図書＃1　2,200時間　　製造指図書＃2　1,800時間
　　　　　　　間接作業時間　800時間
　　　②　当月の賃金実際消費高¥5,750,000を計上した。
　　　③　予定賃率による消費高と実際賃率による消費高との差額を，賃率差異勘定に振り替えた。

	借　　　　方		貸　　　　方	
5/25				
31①				
②				
③				

賃　　　金			消　費　賃　金		
	5/1 前月繰越 1,560,000				

賃　率　差　異		
5/1 前月繰越　6,000		

8　　次の取引の仕訳を示しなさい。
(1)　月末に工場の従業員に対する賞与の月割り額を消費高として計上した。ただし，賞与の支払予定額は¥2,400,000（半年分）である。
(2)　工場従業員に対する退職給付費用について，月末に当月分の消費高¥520,000を計上した。
(3)　月末に，健康保険料の事業主負担分¥83,000を計上した。

	借　　　　方	貸　　　　方
(1)		
(2)		
(3)		

経費の計算

1　次の説明文にもっとも適した語を下記の語群から選び，記号で答えなさい。
(1) 外部の企業などに材料を提供してそれを加工させたときに，支払う加工賃
(2) 他人の特許権を使用して製造活動を行ったとき，その代価として支払う使用料
(3) 従業員の保健・衛生・慰安などに要した費用
[語群] ア．特許権使用料　　イ．厚生費　　ウ．外注加工賃

(1)		(2)		(3)	

2　次の各文の（　）のなかに，もっとも適当な語を記入しなさい。
(1) 製品との関連から分類すると経費のうち，外注加工賃と特許権使用料などは（　ア　）経費となり，その他のものは大部分が（　イ　）経費となる。
(2) 原則として支払高を消費高とするが，前月と当月に未払高や前払高があるときは，支払高に加減して当月の消費高を計算する経費を（　ウ　）経費という。
(3) 計量器で検針して測定した消費量に，一定の料率をかけて消費高を計算する経費を（　エ　）経費という。
(4) 比較的長い期間にわたりその総額が決められ，期首に経費月割表を作成して毎月の消費高を計算する経費を（　オ　）経費という。なお，棚卸減耗損のよう帳簿棚卸数量と実地棚卸数量を比べて，その発生高を知ることができる経費を（　カ　）経費ということがある。

ア		イ		ウ		エ	
オ		カ					

3　次の経費は，支払経費・月割計算・測定経費のいずれに属するか番号で答えなさい。
(1) 修　繕　料　　(2) 特許権使用料　　(3) 保　険　料　　(4) ガ　ス　代
(5) 旅費交通費　　(6) 棚卸減耗損　　(7) 水　道　料　　(8) 減価償却費
(9) 外注加工賃　　⑽ 電　力　料　　⑾ 通　信　費　　⑿ 租税公課

支　払　経　費	
月　割　経　費	
測　定　経　費	

4　次の各経費の当月消費高を計算しなさい。
(1) 外注加工賃　　当月支払高　¥278,000　前月前払高　¥18,000　当月前払高　¥15,000
(2) 修　繕　料　　当月支払高　¥198,000　前月未払高　¥27,000　当月未払高　¥23,000
(3) 保　険　料　　支　払　高　¥36,000（1年分）
(4) 電　力　料　　当月支払高　¥91,000　当月測定高　¥89,000

(1)	外注加工賃 ¥	(2)	修　繕　料 ¥
(3)	保　険　料 ¥	(4)	電　力　料 ¥

5 次の取引の仕訳を示しなさい。

(1) 個別原価計算を採用している山形製作所は，次の製造経費について消費高を計上した。

修　繕　料　前月未払高 ¥25,000　　当月支払高 ¥128,000　　当月未払高 ¥29,000

電　力　料　当月支払高 ¥130,000　　当月測定高 ¥131,000

減価償却費　年間見積高 ¥972,000

(2) 個別原価計算を採用している香川工業株式会社は，当月分の水道料の消費高を計上した。ただし，水道料の当月支払高は ¥298,000　当月測定高は ¥300,000であった。また，消費高のうち20%は販売部の消費高として，販売費及び一般管理費勘定で処理する。

(3) 個別原価計算を採用している秋田製作所は，月末に外注加工賃 ¥320,000および工場の水道料 ¥120,000を消費高として計上した。ただし，外注加工賃は製造指図書#1のために消費されたものである。

(4) 個別原価計算を採用している京都工業株式会社は，当月分の減価償却費の消費高を計上した。ただし，減価償却費の年間見積高は ¥4,320,000であった。

	借　　　方	貸　　　方
(1)		
(2)		
(3)		
(4)		

6 下記の資料によって，次の金額を計算しなさい。

a. 当 期 材 料 費　　b. 当 期 労 務 費　　c. 当 期 経 費　　d. 当期製品製造原価

資　料

① 素　　　　材　期首棚卸高 ¥218,000　当期仕入高 ¥1,239,000　期末棚卸高 ¥240,000
② 工場消耗品　期首棚卸高 ¥58,000　当期仕入高 ¥406,000　期末棚卸高 ¥60,000
③ 賃　　　　金　前期未払高 ¥825,000　当期支払高 ¥3,826,000　当期未払高 ¥790,000
④ 給　　　　料　当期消費高 ¥698,000
⑤ 外注加工賃　前期前払高 ¥56,000　当期支払高 ¥403,000　当期未払高 ¥71,000
⑥ 電　力　料　当期支払高 ¥196,000　当期測定高 ¥194,000
⑦ 減価償却費　当期消費高 ¥360,000
⑧ 仕　掛　品　期首棚卸高 ¥620,000　期末棚卸高 ¥600,000

a	当 期 材 料 費 ¥	b	当 期 労 務 費 ¥
d	当 期 経 費 ¥	c	当期製品製造原価 ¥

個別原価計算と製造間接費

1 　下記の資料によって，次の各問いに答えなさい。

(1) 解答欄に示した各配賦基準による配賦率（または機械率）と製造指図書別の製造間接費配賦額を求めなさい。

(2) 製造指図書 # 1（完成品数量　100個）の原価計算表を完成しなさい。ただし，製造間接費の配賦基準は直接作業時間法による。

(3) 製造間接費配賦表を直接材料費法によって完成しなさい。

(4) 製造間接費を各製品に配賦した仕訳を示しなさい。

資　料

① 製造間接費の内訳

間接材料費 ¥750,000　　　間接労務費 ¥310,000　　　間接経費 ¥620,000

②

製造指図書番号	製造指図書 # 1	製造指図書 # 2	製造指図書 # 3
直 接 材 料 費	¥500,000	¥600,000	¥300,000
直 接 労 務 費	¥420,000	¥580,000	¥200,000
直 接 経 費	¥100,000	¥50,000	¥50,000
直 接 作 業 時 間	290時間	330時間	220時間
機 械 運 転 時 間	1,360時間	1,040時間	960時間

(1) 配賦率（または機械率）と製造指図書別の製造間接費配賦額

製造指図書番号	配賦率 （機械率）	製造指図書別の製造間接費配賦額		
		製造指図書 # 1	製造指図書 # 2	製造指図書 # 3
直接作業時間法	¥	¥	¥	¥
機械運転時間法	¥	¥	¥	¥
直接材料費法	％	¥	¥	¥
直接労務費法	％	¥	¥	¥
直 接 費 法	％	¥	¥	¥

(2) 原価計算表（直接作業時間法）

製造指図書 # 1

原 価 計 算 表

直接材料費	直接労務費	直 接 経 費	製造間接費	集　　計	
				摘　　要	金　　額
				直 接 材 料 費	
				直 接 労 務 費	
				直 接 経 費	
				製 造 間 接 費	
				製 造 原 価	
				完 成 品 数 量	個
				製 品 単 価	¥

(3) 製造間接費配賦表（直接材料費法）

製造間接費配賦表
令和○年 9 月分

令和○年		製造指図書番号	配　賦　率	配賦基準 （直接材料費）	配　賦　額
9	30		％		
	〃				
	〃				

(4) 製造間接費を各製品に配賦した仕訳

借　　　方	貸　　　方

2　山梨製作所は，A製品（製造指図書#1）とB製品（製造指図書#2）を製造している。下記の資料によって，次の金額を求めなさい。

a．当期の材料消費高　　b．当期の労務費消費高
c．B製品（製造指図書#2）の製造間接費配賦額　　d．A製品（製造指図書#1）の製造原価

資　料
　i　材料費

		素　　材	工場消耗品
月　初　棚　卸　高		¥ 215,000	¥ 15,000
当　月　仕　入　高		1,275,000	107,000
月　末　棚　卸　高		250,000	12,000
消費高のうち 直　接　費	製造指図書#1	670,000	
	製造指図書#2	535,000	

　ii　労務費

		賃　　金	給　　料
前　月　未　払　高		¥ 190,000	—
当　月　支　払　高		1,162,000	¥ 156,000
当　月　未　払　高		203,000	—
消費高のうち 直　接　費	製造指図書#1	610,000	
	製造指図書#2	465,000	

　iii　経　費　　当月消費高　¥ 283,000（全額間接費）
　iv　製造間接費は直接費法により配賦する。
　v　月初仕掛品　A製品（製造指図書#1）¥ 336,000
　vi　A製品（製造指図書#1）とB製品（製造指図書#2）は月末に完成した。

a	当月の材料消費高 ¥	b	当月の労務費消費高 ¥
c	B製品（製造指図書#2） の製造間接費配賦額 ¥	d	A製品（製造指図書#1） の　製　造　原　価 ¥

3　次の資料によって，次の各問いに答えなさい。
(1)　製造間接費の予定配賦率を求めなさい。
(2)　製造間接費予定配賦表を完成しなさい。
(3)　製造間接費を予定配賦した仕訳を示しなさい。

　　資　料
　　　a．基準操業度（年間の直接作業時間）　　　　5,000時間
　　　b．基準操業度における製造間接費予算額　　￥1,200,000
　　　c．当月の製品別実際直接作業時間
　　　　　　製造指図書＃1　200時間　　　製造指図書＃2　180時間

(1)　製造間接費の予定配賦率

予 定 配 賦 率	円／時間

(2)　製造間接費予定配賦表

製造間接費予定配賦表
令和○年9月分

令和○年		製造指図書番号	予定配賦率	配賦基準（実際直接作業時間）	予 定 配 賦 額
9	30				
	〃				

(3)　製造間接費を予定配賦した仕訳

借　　　　　方	貸　　　　　方

4　次の一連の取引の仕訳を示し，各勘定に転記しなさい。ただし，**製造間接費については直接作業時間を基準に予定配賦をしており，予定配賦率は1時間あたり￥700である。**なお，各勘定には問題番号・相手科目・金額を記入すること。

(1)　製造間接費を予定配賦した。ただし，各製品の実際直接作業時間は次のとおりである。
　　　　　製造指図書＃1　500時間　　　製造指図書＃2　300時間
(2)　材料と経費を次のように消費した。ただし，外注加工賃は製造指図書＃1のために消費した。
　　　工場消耗品　￥230,000　　　外注加工賃　￥150,000
　　　電　力　料　￥187,000　　　保　険　料　￥100,000
(3)　事業主負担分の健康保険料￥45,000を計上した。
(4)　製造間接費の予定配賦額と実際発生額との差額を製造間接費配賦差異勘定に振り替えた。

	借　　　　　方	貸　　　　　方
(1)		
(2)		
(3)		
(4)		

製 造 間 接 費	仕 　 掛 　 品

	製造間接費配賦差異

5　下記の資料から，次の比率または金額を求めなさい。なお，製造間接費配賦差異・予算差異・操業度差異については（　）内に借方差異は借方，貸方差異は貸方と記入すること。

　　　a．固定費率　　　b．予定配賦率　　　c．予定配賦額　　　d．製造間接費配賦差異
　　　e．実際操業度における予算額　　　f．予算差異　　　g．操業度差異

　資　料
　　(1)　月間の基準操業度（直接作業時間）800時間
　　(2)　基準操業における製造間接費予算　¥400,000
　　　　　　変動費率　1時間あたり　¥200
　　　　　　固定費予算額　　　　　　¥240,000
　　(3)　当月の実際直接作業時間　600時間
　　(4)　当月の製造間接費の実際発生額　¥375,000

a	固 定 費 率 ¥		b	予 定 配 賦 率 ¥	
c	予 定 配 賦 額 ¥		d	製造間接費配賦差異 ¥	（　　　　　）
e	実 際 操 業 度 における予算額 ¥		f	予 算 差 異 ¥	（　　　　　）
g	操 業 度 差 異 ¥	（　　　　　）			

6　次の取引の仕訳を示しなさい。

　(1)　製造指図書＃5の製品20個が仕損じとなり，補修指図書＃5-1を発行して補修を行った。補修費用は，素材費¥7,000　賃金¥3,000であった。この仕損費は，製造指図書＃5に賦課した。

　(2)　製造指図書＃3の一部に仕損じが生じ，代品を製造した。新製造指図書＃3-1に集計された製造原価は¥15,000であり，仕損品には評価額はなかった。仕損費は製造間接費とした。

　(3)　製造指図書＃6の製造中に作業くずが生じた。この評価額は¥12,000であり，これを製造原価から差し引いた。

	借　　　　方	貸　　　　方
(1)		
(2)		
(3)		

7 　個別原価計算を採用している高知製作所の下記の取引（一部）によって，次の各問いに答えなさい。

(1)　6月27日の取引の仕訳を示しなさい。

(2)　消費賃金勘定・仕掛品勘定・製造間接費勘定に必要な記入を行い，締め切りなさい。なお，勘定記入は日付・相手科目・金額を示すこと。

(3)　A製品（製造指図書＃1）とB製品（製造指図書＃2）の原価計算表を作成しなさい。

(4)　製造間接費配賦差異を差異分析したさいの予算差異と操業度差異の金額を求めなさい。なお，解答欄の（　　）のなかに，借方差異は借方，貸方差異は貸方と記入すること。

　　ただし，ⅰ　前月繰越高は，次のとおりである。

　　　　　　素　　　材　　600個　@*¥*2,400　*¥*1,440,000

　　　　　　工場消耗品　　600〃　　〃〃　40　*¥*　24,000

　　　　　　仕　掛　品（製造指図書＃1）*¥*4,160,000（原価計算表に記入済み）

　　　　ⅱ　素材の消費高の計算は移動平均法により，工場消耗品の消費数量の計算は棚卸計算法によっている。

　　　　ⅲ　賃金の消費高は，作業時間1時間につき*¥*1,500の予定賃率を用いて計算し，消費賃金勘定を設けて記帳している。

　　　　ⅳ　製造間接費は，直接作業時間を配賦基準として予定配賦している。なお，年間製造間接費予定額（予算額）は*¥*16,800,000であり，年間予定直接作業時間（基準操業度）は48,000時間である。また，製造間接費配賦差異の分析においては，次の公式法変動予算を用いる。

　　　　　　　a．月間の基準操業度（直接作業時間）　　4,000時間

　　　　　　　b．月間の固定費予算額　　　　　　　　　*¥*600,000

　　　　　　　c．変　動　費　率　　　　　　1時間あたり*¥*200

取　　引

　6月4日　B製品（製造指図書＃2）の注文を受け，素材400個を消費して製造を開始した。

　　　11日　素材および工場消耗品を次のとおり買い入れ，代金は掛けとした。

　　　　　　素　　　材　　800個　@*¥*2,500　*¥*2,000,000

　　　　　　工場消耗品　3,200〃　　〃〃　40　*¥*　128,000

　　　13日　A製品（製造指図書＃1）200個が完成した。なお，A製品の賃金予定消費高と製造間接費予定配賦高を直接作業時間1,200時間によって計算し，原価計算表に記入した。ただし，賃金予定消費高と製造間接費予定配賦高を計上する仕訳は，月末に行っている。

　　　27日　C製品（製造指図書＃3）の注文を受け，素材600個を消費して製造を開始した。

　　　30日　①　工場消耗品の月末棚卸数量は550個であった。よって，消費高を計上した。（間接材料）

　　　　　　②　当月の作業時間は，次のとおりであった。よって当月の賃金の予定消費高を計上した。

　　　　　　　　製造指図書＃1　　1,200時間　　　製造指図書＃2　　2,100時間

　　　　　　　　製造指図書＃3　　　500時間　　　間接作業時間　　　　200時間

　　　　　　③　上記②の直接作業時間によって，製造間接費を予定配賦した。

　　　　　　④　健康保険料の事業主負担分*¥*248,000を計上した。

　　　　　　⑤　当月の製造経費消費高を計上した。

　　　　　　　　電　力　料　　当月支払高*¥*138,000　　当月測定高*¥*108,000

　　　　　　　　保　険　料　*¥*　360,000（3ヵ月分）

　　　　　　　　減価償却費　*¥*5,760,000（年間見積高）

　　　　　　⑥　当月の賃金実際消費高*¥*5,920,000を計上した。

　　　　　　⑦　賃金の予定消費高と実際消費高との差額を，賃率差異勘定に振り替えた。

　　　　　　⑧　製造間接費の予定配賦高と実際発生高との差額を，製造間接費配賦差異勘定に振り替えた。

(1)

	借　　　　方	貸　　　　方
6月27日		

(2)

消　費　賃　金

仕　掛　品

6/1 前 月 繰 越	4,160,000		

製　造　間　接　費

(3)　製造指図書＃1

原　価　計　算　表

直接材料費	直接労務費	製造間接費	集　　　　　計	
			摘　　要	金　　額
1,200,000	2,400,000	560,000	直 接 材 料 費	
—			直 接 労 務 費	
			製 造 間 接 費	
			製 造 原 価	
			完 成 品 数 量	個
			製 品 単 価	¥

製造指図書＃2

原　価　計　算　表

直接材料費	直接労務費	製造間接費	集　　　　　計	
			摘　　要	金　　額
			直 接 材 料 費	
			直 接 労 務 費	

(4)

予算差異 ¥	（　　　　）	操業度差異 ¥	（　　　　）

部門別個別原価計算

1 次の各文の（ ）のなかに，もっとも適当な語を，下記の語群から選び，記号で答えなさい。

(1) 製造間接費を部門ごとに集計し，各部門に適した配賦基準によって各製品に配賦する方法を（　①　）という。この方法によれば，精密な製造間接費の配賦が行えるので，正確な（　②　）を計算することができる。また，部門の管理者が自己の部門の製造間接費を知り，（　③　）に役立てることもできる。

(2) 部門別計算では，製造間接費をいったんその発生場所である（　④　）に集計する。これには製品の製造を直接に担当する（　⑤　）部門と，この部門の作業を補助するための（　⑥　）部門がある。

[語群] ア．補　　助　　イ．製造原価　　ウ．製　　造　　エ．原価管理
　　　　オ．原価部門　　カ．部門別計算

①	②	③	④	⑤	⑥

2 下記の資料によって，次の各問いに答えなさい。

(1) 製造部門費予定配賦表を完成しなさい。
(2) 製造部門費を予定配賦した仕訳を示しなさい。
(3) 原価計算表（製造指図書＃131）を完成しなさい。なお，完成品数量は40個である。

資　料

① 1年間の製造部門費予定総額および予定直接作業時間

	第1製造部門	第2製造部門
1年間の製造部門費予算額	¥1,890,000	¥1,674,000
1年間の基準操業度(直接作業時間)	6,300時間	3,720時間

② 実際直接作業時間

製造指図書番号	第1製造部門	第2製造部門	完成日
＃131	220時間	140時間	10月18日
＃132	170 〃	100 〃	(未完成)
＃133	130 〃	60 〃	(未完成)

(1) 製造部門費配賦表

製造部門費予定配賦表
令和○年10月分

令和○年	製造指図書番号	第1製造部門 予定配賦率	配賦基準(直接作業時間)	予定配賦額	第2製造部門 予定配賦率	配賦基準(直接作業時間)	予定配賦額
10 18	＃131						
31	＃132						
〃	＃133						

(2) 製造部門費を予定配賦した仕訳

借　　　方	貸　　　方

(3)　原価計算表

製造指図書＃131

原　価　計　算　表

直接材料費	直接労務費	直接経費	製　造　間　接　費				集　　計	
			部門	時間	配賦率	金　額	摘　要	金　額
840,000	1,050,000	481,000					直接材料費	
							直接労務費	
							直接経費	
							製造間接費	
							製造原価	
							完成品数量	個
							製品単価	¥

3　次の資料から，部門費配分表を完成し，製造間接費を各部門に配分する仕訳を示しなさい。

資　料：部門共通費の配賦基準

費　　目	金　　額	配賦基準	第1製造部門	第2製造部門	動力部門	修繕部門	工場事務部門
給　　料	¥78,000	従業員数	45人	55人	15人	10人	5人
建物減価償却費	〃45,000	床　面　積	350㎡	400㎡	70㎡	50㎡	30㎡
保　険　料	〃24,000	機械帳簿価額	¥20,000	¥25,000	¥8,000	¥7,000	―

部　門　費　配　分　表
令和○年10月分

費　　目	配賦基準	金　　額	製　造　部　門		補　助　部　門		
			第1製造部門	第2製造部門	動力部門	修繕部門	工場事務部門
部 門 個 別 費							
間 接 材 料 費	――	86,000	26,500	35,400	9,100	7,000	8,000
間 接 賃 金	――	53,000	21,000	15,600	8,200	5,700	2,500
部 門 個 別 費 計		139,000	47,500	51,000	17,300	12,700	10,500
部 門 共 通 費							
給　　　　料	従 業 員 数						
建物減価償却費	床　面　積						
保　険　料	機械帳簿価額						
部 門 共 通 費 計							
部 門 費 合 計							

借　　　　方	貸　　　　方

4　　次の資料によって，部門費振替表を直接配賦法により完成しなさい。また，補助部門費を各製造部門に配賦する仕訳を示し，各勘定に転記しなさい。なお，各勘定には相手科目・金額を記入すること。

資　料：補助部門費の配賦基準

補助部門費	配賦基準	第1製造部門	第2製造部門
動力部門費	動力消費量 （kW数×運転時間）	20kW×300時間	10kW×400時間
修繕部門費	修繕回数	30回	20回
工場事務部門費	従業員数	45人	55人

部　門　費　振　替　表
（直接配賦法）　　　　　令和○年10月分

| 部門費 | 配賦基準 | 金額 | 製造部門 | | 補助部門 | | |
			第1製造部門	第2製造部門	動力部門	修繕部門	工場事務部門
部門費計		286,000	100,000	114,000	33,000	24,000	15,000
動力部門費	kW数×運転時間						
修繕部門費	修繕回数						
工場事務部門費	従業員数						
配賦額計							
製造部門費合計							

借　　　　方	貸　　　　方

第1製造部門費

製造間接費	100,000	仕掛品	156,000

第2製造部門費

製造間接費	114,000	仕掛品	135,000

動力部門費

製造間接費	33,000		

修繕部門費

製造間接費	24,000		

工場事務部門費

製造間接費	15,000		

5　　次ページの勘定記録から，予定配賦による第1製造部門費および第2製造部門費の配賦差異を製造部門費配賦差異勘定に振り替える仕訳を示し，各勘定に転記し各製造部門費勘定を締め切りなさい。なお，各勘定には相手科目・金額を記入すること。

借　　　　方	貸　　　　方

<table>
<tr><td colspan="4" align="center">第 1 製造部門費</td></tr>
<tr><td>製造間接費</td><td align="right">100,000</td><td>仕 掛 品</td><td align="right">156,000</td></tr>
<tr><td>諸　　口</td><td align="right">40,950</td><td></td><td></td></tr>
</table>

<table>
<tr><td colspan="4" align="center">第 2 製造部門費</td></tr>
<tr><td>製造間接費</td><td align="right">114,000</td><td>仕 掛 品</td><td align="right">135,000</td></tr>
<tr><td>諸　　口</td><td align="right">31,050</td><td></td><td></td></tr>
<tr><td colspan="4" align="center">製造部門費配賦差異</td></tr>
</table>

6　次の資料によって，部門費振替表を相互配賦法により完成しなさい。また，補助部門費を各製造部門に配賦する仕訳を示しなさい。

資　料：補助部門費の配賦基準

補助部門費	配賦基準	第1製造部門	第2製造部門	動力部門	修繕部門	工場事務部門
動 力 部 門 費	動力消費量 (kW数×運転時間)	20kW×300時間	10kW×400時間	—	10kW×70時間	5kW×60時間
修 繕 部 門 費	修 繕 回 数	30回	20回	10回	—	—
工場事務部門費	従 業 員 数	45人	55人	15人	10人	—

部 門 費 振 替 表
令和○年10月分

(相互配賦法)

部 門 費	配賦基準	金　額	製 造 部 門 第1製造部門	第2製造部門	補 助 部 門 動力部門	修繕部門	工場事務部門
部 門 費 計		286,000	100,000	114,000	33,000	24,000	15,000
動 力 部 門 費	(kW数×運転時間)						
修 繕 部 門 費	修 繕 回 数						
工場事務部門費	従 業 員 数						
第 1 次 配 賦 額							
動 力 部 門 費	(kW数×運転時間)						
修 繕 部 門 費	修 繕 回 数						
工場事務部門費	従 業 員 数						
第 2 次 配 賦 額							
製造部門費合計							

借　　　　方	貸　　　　方

[7]　個別原価計算を採用している茨城製作所の次の取引の仕訳を示しなさい。また，製造部門費振替表を直接配賦法によって完成しなさい。ただし，製造間接費は部門別計算を行い，直接作業時間を配賦基準として予定配賦している。

	第1製造部門	第2製造部門
年間製造間接費予定額（予算額）	¥7,980,000	¥3,600,000
年間予定直接作業時間（基準操業度）	22,800時間	18,000時間

取　引

6月30日　①　当月の直接作業時間は次のとおりであった。よって，製造部門費を予定配賦した。

		第1製造部門	第2製造部門
直接作業時間	製造指図書#1	800時間	1,200時間
	製造指図書#2	1,000時間	400時間

②　製造間接費を次のとおり各部門に配分した。

　　第1製造部門　¥455,000　　第2製造部門　¥260,000

　　動　力　部　門　169,000　　修　繕　部　門　72,000

③　補助部門費を次の配賦基準によって，直接配賦法で各製造部門に配賦した。

	配賦基準	第1製造部門	第2製造部門
動力部門費	kW数×運転時間数	10kW×450時間	8kW×250時間
修繕部門費	修　繕　回　数	4回	2回

④　第1製造部門費の配賦差異を，製造部門費配賦差異勘定に振り替えた。

⑤　第2製造部門費の配賦差異を，製造部門費配賦差異勘定に振り替えた。

		借　　　　方		貸　　　　方	
6/30	①	仕掛品	950,000	第1製造部門費	630,000
				第2製造部門費	320,000
	②	第1製造部門費	455,000	製造間接費	956,000
		第2製造部門費	260,000		
		動力部門費	169,000		
		修繕部門費	72,000		
	③	第1製造部門費	165,000	動力部門費	169,000
		第2製造部門費	76,000	修繕部門費	72,000
	④	第1製造部門費	10,000	製造部門費配賦差異	10,000
	⑤	製造部門費配賦差異	16,000	第2製造部門費	16,000

部　門　費　振　替　表

（直接配賦法）　　　　令和○年6月分

部　門　費	配賦基準	金　　額	製　造　部　門		補　助　部　門	
			第1製造部門	第2製造部門	動力部門	修繕部門
部　門　費　計		956,000	455,000	260,000	169,000	72,000
動　力　部　門　費	kW数×運転時間	169,000	117,000	52,000		
修　繕　部　門　費	修　繕　回　数	72,000	48,000	24,000		
配　賦　額　計		241,000	165,000	76,000		
製造部門費合計		956,000	620,000	336,000		

長期休暇演習ノート原価計算
［解　答　編］

実教出版

原価と原価計算・原価計算のあらまし（p.1）

1

ア	製　造	イ	販　売	ウ	工　業	エ	原　価
オ	原価計算	カ	製　造	キ	総	ク	非原価

ア・イは順不同

2

(1)	ク	(2)	ウ	(3)	コ	(4)	ケ	(5)	ス
(6)	エ	(7)	タ	(8)	キ	(9)	シ	(10)	ソ

3

ア	直接労務費	イ	製造間接費	ウ	製造原価	エ	総 原 価

工業簿記のしくみ（p.2〜4）

1 (1) 仕　訳

	借　　方		貸　　方	
①	材　　　料	1,000,000	買　掛　金	1,000,000
②	労　務　費	500,000	当　座　預　金	500,000
③	経　　　費	274,000	当　座　預　金	274,000
④	仕　掛　品	800,000	材　　　料	920,000
	製造間接費	120,000		
⑤	仕　掛　品	400,000	労　務　費	456,000
	製造間接費	56,000		
⑥	仕　掛　品	90,000	経　　　費	274,000
	製造間接費	84,000		
	販売費及び一般管理費	100,000		
⑦	仕　掛　品	260,000	製造間接費	260,000
⑧	製　　　品	1,100,000	仕　掛　品	1,100,000
⑨	売　掛　金	800,000	売　　　上	800,000
	売　上　原　価	500,000	製　　　品	500,000

(2) 製造間接費配賦額

製造指図書＃1	¥	78,000
製造指図書＃2	¥	117,000
製造指図書＃3	¥	65,000

(3) 原価計算表（略式）

製造指図書＃1　原　価　計　算　表

直接材料費	直接労務費	直接経費	製造間接費	製造原価
250,000	125,000	47,000	78,000	500,000

製造指図書＃2　原　価　計　算　表

直接材料費	直接労務費	直接経費	製造間接費	製造原価
350,000	100,000	33,000	117,000	600,000

製造指図書＃3　原　価　計　算　表

直接材料費	直接労務費	直接経費	製造間接費	製造原価
200,000	175,000	10,000	65,000	

2

	借　　方		貸　　方	
売　　　上		800,000	損　　益	800,000
損　　益		600,000	売　上　原　価	500,000
			販売費及び一般管理費	100,000

売　上

損　益	800,000		800,000

売上原価

	500,000	損　益	500,000

販売費及び一般管理費

	100,000	損　益	100,000

損　益

売上原価	500,000	売　上	800,000
販売費及び一般管理費	100,000		

3

材　料

前月繰越	80,000	諸　口	1,240,000
買　掛　金	1,500,000	次月繰越	340,000
	1,580,000		1,580,000

労　務　費

現　金	750,000	前月繰越	170,000
次月繰越	175,000	諸　口	755,000
	925,000		925,000

経　費

前月繰越	60,000	諸　口	295,000
現　金	321,000	次月繰越	86,000
	381,000		381,000

製造間接費

材　料	140,000	仕掛品	250,000
労　務　費	85,000		
経　費	25,000		
	250,000		250,000

仕　掛　品

前月繰越	200,000	製　品	2,000,000
材　料	1,100,000	次月繰越	370,000
労　務　費	670,000		
経　費	150,000		
製造間接費	250,000		
	2,370,000		2,370,000

製　品

前月繰越	900,000	売上原価	2,100,000
仕　掛　品	2,000,000	次月繰越	800,000
	2,900,000		2,900,000

売　上

損　益	2,520,000	売　掛　金	2,520,000

売上原価

製　品	2,100,000	損　益	2,100,000

販売費及び一般管理費

経　費	120,000	損　益	120,000

損　益

売上原価	2,100,000	売　上	2,520,000
販売費及び一般管理費	120,000		

材料費の計算 （p. 5 ～ 8 ）

1

(1)	イ	(2)	オ	(3)	ア	(4)	エ	(5)	ウ

2

	借 方		貸 方	
(1)	買 入 部 品	264,000	買 掛 金	260,000
			現 金	4,000
(2)	消耗工具器具備品	54,000	現 金	54,000
(3)	素 材	1,080,000	当 座 預 金	1,560,000
	工 場 消 耗 品	480,000		
(4)	棚 卸 減 耗 損	50,000	素 材	50,000

3

ア	直 接	イ	仕 掛 品	ウ	間 接	エ	製造間接費
オ	継続記録	カ	棚卸計算	キ	総 平 均	ク	予定価格

4

材 料 元 帳
（先入先出法）　素 材 A　　　　単位：kg

令和○年		摘要	受 入			払 出			残 高		
			数量	単価	金額	数量	単価	金額	数量	単価	金額
1	1	前月繰越	200	440	88,000				200	440	88,000
	11	受 入	600	520	312,000				200	440	88,000
									600	520	312,000
	18	払 出				200	440	88,000			
						400	520	208,000	200	520	104,000
	25	受 入	400	560	224,000				200	520	104,000
									400	560	224,000
	29	払 出				200	520	104,000			
						200	560	112,000	200	560	112,000
	31	次月繰越				200	560	112,000			
			1,200		624,000	1,200		624,000			
2	1	前月繰越	200	560	112,000				200	560	112,000

先入先出法による消費高 ¥ 512,000

材 料 元 帳
（移動平均法）　素 材 A　　　　単位：kg

令和○年		摘要	受 入			払 出			残 高		
			数量	単価	金額	数量	単価	金額	数量	単価	金額
1	1	前月繰越	200	440	88,000				200	440	88,000
	11	受 入	600	520	312,000				800	500	400,000
	18	払 出				600	500	300,000	200	500	100,000
	25	受 入	400	560	224,000				600	540	324,000
	29	払 出				400	540	216,000	200	540	108,000
	31	次月繰越				200	540	108,000			
			1,200		624,000	1,200		624,000			
2	1	前月繰越	200	540	108,000				200	540	108,000

移動平均法による消費高 ¥ 516,000

材 料 元 帳
（総平均法）　素 材 A　　　　単位：kg

令和○年		摘要	受 入			払 出			残 高		
			数量	単価	金額	数量	単価	金額	数量	単価	金額
1	1	前月繰越	200	440	88,000				200	440	88,000
	11	受 入	600	520	312,000				800		
	18	払 出				600	520	312,000	200		
	25	受 入	400	560	224,000				600		
	29	払 出				400	520	208,000	200	520	104,000
	31	次月繰越				200	520	104,000			
			1,200		624,000	1,200		624,000			
2	1	前月繰越	200	520	104,000				200	520	104,000

総平均法による消費高 ¥ 520,000

5

先入先出法による消費高 ¥ 940,000
総平均法による消費高 ¥ 952,000

6

		借 方		貸 方	
6	8	素 材	1,300,000	買 掛 金	1,420,000
		工 場 消 耗 品	120,000		
	15	仕 掛 品	1,400,000	素 材	1,400,000
	30	製 造 間 接 費	132,000	工 場 消 耗 品	132,000

7

	借 方		貸 方	
(1)	仕 掛 品	750,000	消 費 材 料	870,000
	製 造 間 接 費	120,000		
(2)	消 費 材 料	872,000	素 材	872,000
(3)	材料消費価格差異	2,000	消 費 材 料	2,000

8

		借 方		貸 方	
3	15	素 材	800,000	買 掛 金	800,000
	31①	仕 掛 品	588,000	消 費 材 料	784,000
		製 造 間 接 費	196,000		
	②	消 費 材 料	788,000	素 材	788,000
	③	材料消費価格差異	4,000	消 費 材 料	4,000
	④	売 上 原 価	1,000	材料消費価格差異	1,000

素 材

3/1	前月繰越	185,000	3/31	消費材料	788,000
15	買掛金	800,000	〃	次月繰越	197,000
		985,000			985,000

消 費 材 料

3/31	素 材	788,000	3/31	諸 口	784,000
			〃	材料消費価格差異	4,000
		788,000			788,000

材料消費価格差異

3/31	消費材料	4,000	3/1	前月繰越	3,000
			31	売上原価	1,000
		4,000			4,000

労務費の計算（p.9 ～11）

1

(1)	オ	(2)	ウ	(3)	イ	(4)	カ	(5)	エ	(6)	ア

2

	借 方		貸 方	
	賃　　　　金	2,018,000	所得税預り金	185,000
6/25	従業員賞与手当	300,000	健康保険料預り金	93,000
			当 座 預 金	2,040,000
30	仕　掛　品	1,843,000	賃　　　　金	2,170,000
	製 造 間 接 費	327,000		

3

ア	直　接	イ	間　接	ウ	間　接	エ	時 間 給
オ	出来高給	カ	予　定	キ	平　均		

4

	賃	金		
諸　　　　口	(5,230,000)	前 月 繰 越	(400,000)
次 月 繰 越	(380,000)	諸　　　　口	(5,210,000)
	(5,610,000)		(5,610,000)

当月の賃金消費高　¥　5,210,000

5

当月の賃金消費高　¥　3,500,000	実際平均賃率　¥　5,000

	借 方		貸 方	
仕　掛　品	3,250,000	賃　　　　金	3,500,000
製 造 間 接 費	250,000		

6

	借 方		貸 方	
(1)	仕　掛　品	1,850,000	消 費 賃 金	2,590,000
	製 造 間 接 費	740,000		
(2)	消 費 賃 金	2,600,000	賃　　　　金	2,600,000
(3)	賃 率 差 異	10,000	消 費 賃 金	10,000
(4)	売 上 原 価	52,000	賃 率 差 異	52,000

7

	借 方		貸 方	
	賃　　　　金	5,650,000	所得税預り金	450,000
5/25			健康保険料預り金	200,000
			当 座 預 金	5,000,000
31①	仕　掛　品	4,800,000	消 費 賃 金	5,760,000
	製 造 間 接 費	960,000		
②	消 費 賃 金	5,750,000	賃　　　　金	5,750,000
③	消 費 賃 金	10,000	賃 率 差 異	10,000

	賃	金		
5/25 諸　口	5,650,000	5/1 前月繰越	1,560,000
31 次月繰越	1,660,000	31 消費賃金	5,750,000
	7,310,000		7,310,000

	消 費 賃 金			
5/31 賃　金	5,750,000	5/31 諸　口	5,760,000
〃 賃率差異	10,000		
	5,760,000		5,760,000

	賃 率 差 異			
5/1 前月繰越	6,000	5/31 消費賃金	10,000
31 次月繰越	4,000		
	10,000		10,000

8

	借 方		貸 方	
(1)	製 造 間 接 費	400,000	従業員賞与手当	400,000
(2)	製 造 間 接 費	520,000	退職給付費用	520,000
(3)	製 造 間 接 費	83,000	健 康 保 険 料	83,000

経費の計算（p.12 ～13）

1

(1)	ウ	(2)	ア	(3)	イ

2

ア	直　接	イ	間　接	ウ	支　払	エ	測　定
オ	月　割	カ	発　生				

3

支 払 経 費	(1) (5) (9) (11)
月 割 経 費	(2) (3) (6) (8) (12)
測 定 経 費	(4) (7) (10)

4

(1)	外注加工賃	¥ 281,000	(2)	修 繕 料	¥ 194,000
(3)	保 険 料	¥ 3,000	(4)	電 力 料	¥ 89,000

5

	借 方		貸 方	
(1)	製 造 間 接 費	344,000	修 繕 料	132,000
			電 力 料	131,000
			減価償却費	81,000
(2)	製 造 間 接 費	240,000	水 道 料	300,000
	販売費及び一般管理費	60,000		
(3)	仕　掛　品	320,000	外注加工賃	320,000
	製 造 間 接 費	120,000	水 道 料	120,000
(4)	製 造 間 接 費	360,000	減価償却費	360,000

6

a	当期材料費	¥ 1,621,000	b	当期労務費	¥ 4,489,000
d	当期経費	¥ 1,084,000	c	当期製品製造原価	¥ 7,214,000

個別原価計算と製造間接費（p.14 ～19）

1

(1) 配賦率（または機械率）と製造指図書別の製造間接費配賦額

製造指図書番号	配賦率 （機械率）	製造指図書別の製造間接費配賦額		
		製造指図書＃1	製造指図書＃2	製造指図書＃3
直接作業時間法	¥ 2,000	¥ 580,000	¥ 660,000	¥ 440,000
機械運転時間法	¥ 500	¥ 680,000	¥ 520,000	¥ 480,000
直接材料費法	120 %	¥ 600,000	¥ 720,000	¥ 360,000
直接労務費法	140 %	¥ 588,000	¥ 812,000	¥ 280,000
直 接 費 法	60 %	¥ 612,000	¥ 738,000	¥ 330,000

(2) 原価計算表（直接作業時間法）

製造指図書＃1

原 価 計 算 表

直接材料費	直接労務費	直接経費	製造間接費	集　計	
				摘　要	金　額
500,000	420,000	100,000	580,000	直接材料費	500,000
				直接労務費	420,000
				直接経費	100,000
				製造間接費	580,000
				製造原価	1,600,000
				完成品数量	100 個
				製品単価	¥ 16,000

(3) 製造間接費配賦表（直接材料費法）

製 造 間 接 費 配 賦 表
令和○年9月分

令和○年		製造指図書番号	配 賦 率	配 賦 基 準（直接材料費）	配 賦 額
9	30	＃1	120 ％	500,000	600,000
	〃	＃2	120	600,000	720,000
	〃	＃3	120	300,000	360,000
				1,400,000	1,680,000

(4) 製造間接費を各製品に配賦した仕訳

借　方		貸　方	
仕 掛 品	1,680,000	製 造 間 接 費	1,680,000

2

a	当月の材料消費高	¥ 1,350,000	b	当月の労務費消費高	¥ 1,331,000
c	B製品（製造指図書＃2）の製造間接費配賦額	¥ 300,000	d	A製品（製造指図書＃1）の 製 造 原 価	¥ 2,000,000

3

(1) 製造間接費の予定配賦率

予 定 配 賦 率	240 円／時間

(2) 製造間接費予定配賦表

製 造 間 接 費 予 定 配 賦 表
令和○年9月分

令和○年		製造指図書番号	予定配賦率	配 賦 基 準（実際直接作業時間）	予定配賦額
9	30	＃1	240	200	48,000
	〃	＃2	240	180	43,200
				380	91,200

(3) 製造間接費を予定配賦した仕訳

借　方		貸　方	
仕 掛 品	91,200	製 造 間 接 費	91,200

4

	借　　方		貸　　方	
(1)	仕 掛 品	560,000	製 造 間 接 費	560,000
	仕 掛 品	150,000	外 注 加 工 賃	150,000
(2)	製 造 間 接 費	517,000	工 場 消 耗 品	230,000
			電 力 料	187,000
			保 険 料	100,000
(3)	製 造 間 接 費	45,000	健 康 保 険 料	45,000
(4)	製造間接費配賦差異	2,000	製 造 間 接 費	2,000

製 造 間 接 費

(2) 諸　　口	517,000	(1) 仕 掛 品	560,000
(3) 健康保険料	45,000	(4) 製造間接費配賦差異	2,000

仕 掛 品

(1) 製造間接費	560,000		
(2) 諸　　口	150,000		

製造間接費配賦差異

(4) 製造間接費	2,000		

5

a	固 定 費 率 ¥ 300	b	予 定 配 賦 率 ¥ 500
c	予定配賦額 ¥ 300,000	d	製造間接費配賦差異 ¥ 75,000（借方）
e	実際操業度における予算額 ¥ 360,000	f	予 算 差 異 ¥ 15,000（借方）
g	操業度差異 ¥ 60,000（借方）		

6

	借　　方		貸　　方	
(1)	仕 損 費	10,000	素 材	7,000
			賃 金	3,000
	仕 掛 品	10,000	仕 損 費	10,000
(2)	仕 損 費	15,000	仕 掛 品	15,000
	製 造 間 接 費	15,000	仕 損 費	15,000
(3)	作 業 く ず	12,000	仕 掛 品	12,000

---

7 (1)

	借　　方		貸　　方	
6月27日	仕 掛 品	1,488,000	素 材	1,488,000

(2)

消 費 賃 金

6/30 賃　金	5,920,000	6/30 諸　口	6,000,000
〃 賃率差異	80,000		
	6,000,000		6,000,000

仕 掛 品

6/1 前月繰越	4,160,000	6/13 製　品	6,380,000
4 素　材	960,000	30 次月繰越	7,258,000
27 素　材	1,488,000		
30 消費賃金	5,700,000		
〃 製造間接費	1,330,000		
	13,638,000		13,638,000

製 造 間 接 費

6/30 工場消耗品	130,000	6/30 仕 掛 品	1,330,000
〃 消費賃金	300,000	〃 製造間接費配賦差異	56,000
〃 健康保険料	248,000		
〃 諸　口	708,000		
	1,386,000		1,386,000

(3)

製造指図書#1 　原 価 計 算 表

直接材料費	直接労務費	製造間接費	集　計	
			摘　要	金　額
1,200,000	2,400,000	560,000	直接材料費	1,200,000
—	1,800,000	420,000	直接労務費	4,200,000
1,200,000	4,200,000	980,000	製造間接費	980,000
			製造原価	6,380,000
			完成品数量	200 個
			製品単価	¥ 31,900

製造指図書#2 　原 価 計 算 表

直接材料費	直接労務費	製造間接費	集　計	
			摘　要	金　額
960,000	3,150,000	735,000	直接材料費	
			直接労務費	

(4)

予算差異	¥26,000 （借方）	操業度差異	¥30,000 （借方）

部門別個別原価計算（p.20〜24）

1

①	カ	②	イ	③	エ	④	オ	⑤	ウ	⑥	ア

2 (1) 製造部門費配賦表

製造部門費予定配賦表
令和○年10月分

令和○年	製造指図書番号	第 1 製造部門			第 2 製造部門		
		予定配賦率	配賦基準(直接作業時間)	予定配賦額	予定配賦率	配賦基準(直接作業時間)	予定配賦額
10 18	#131	300	220	66,000	450	140	63,000
31	#132	300	170	51,000	450	100	45,000
〃	#133	300	130	39,000	450	60	27,000
			520	156,000		300	135,000

(2) 製造部門費を予定配賦した仕訳

借　方		貸　方	
仕 掛 品	291,000	第 1 製造部門費	156,000
		第 2 製造部門費	135,000

(3) 原価計算表

製造指図書#131 　原 価 計 算 表

直接材料費	直接労務費	直接経費	製 造 間 接 費				集　計	
			部門	時間	配賦率	金額	摘　要	金額
840,000	1,050,000	481,000	1	220	300	66,000	直接材料費	840,000
			2	140	450	63,000	直接労務費	1,050,000
						129,000	直接経費	481,000
							製造間接費	129,000
							製造原価	2,500,000
							完成品数量	40 個
							製品単価	¥ 62,500

3

部 門 費 配 分 表
令和○年10月分

費　目	配賦基準	金額	製造部門		補助部門		
			第1製造部門	第2製造部門	動力部門	修繕部門	工場事務部門
部門個別費							
間接材料費	——	86,000	26,500	35,400	9,100	7,000	8,000
間接賃金	——	53,000	21,000	15,600	8,200	5,700	2,500
部門個別費計		139,000	47,500	51,000	17,300	12,700	10,500
部門共通費							
給　料	従業員数	78,000	27,000	33,000	9,000	6,000	3,000
建物減価償却費	床面積	45,000	17,500	20,000	3,500	2,500	1,500
保 険 料	機械簿価額	24,000	8,000	10,000	3,200	2,800	——
部門共通費計		147,000	52,500	63,000	15,700	11,300	4,500
部門費合計		286,000	100,000	114,000	33,000	24,000	15,000

借　方		貸　方	
第1製造部門費	100,000	製造間接費	286,000
第2製造部門費	114,000		
動力部門費	33,000		
修繕部門費	24,000		
工場事務部門費	15,000		

4

部 門 費 振 替 表
（直接配賦法）　　令和○年10月分

部門費	配賦基準	金額	製造部門		補助部門		
			第1製造部門	第2製造部門	動力部門	修繕部門	工場事務部門
部門費計		286,000	100,000	114,000	33,000	24,000	15,000
動力部門費	kW数×運転時間	33,000	19,800	13,200			
修繕部門費	修繕回数	24,000	14,400	9,600			
工場事務部門費	従業員数	15,000	6,750	8,250			
配賦額計		72,000	40,950	31,050			
製造部門費合計		286,000	140,950	145,050			

借　方		貸　方	
第1製造部門費	40,950	動力部門費	33,000
第2製造部門費	31,050	修繕部門費	24,000
		工場事務部門費	15,000

第 1 製 造 部 門 費

製造間接費	100,000	仕 掛 品	156,000
諸 口	40,950		

第 2 製 造 部 門 費

製造間接費	114,000	仕 掛 品	135,000
諸 口	31,050		

動 力 部 門 費

製造間接費	33,000	諸 口	33,000

修 繕 部 門 費

製造間接費	24,000	諸 口	24,000

工 場 事 務 部 門 費

製造間接費	15,000	諸 口	15,000

5

借　　方		貸　　方	
第1製造部門費	*15,050*	製造部門費配賦差異	*15,050*
製造部門費配賦差異	*10,050*	第2製造部門費	*10,050*

第1製造部門費

製造間接費	*100,000*	仕　掛　品	*156,000*
諸　　　口	*40,950*		
製造部門費配賦差異	*15,050*		
	156,000		*156,000*

第2製造部門費

製造間接費	*114,000*	仕　掛　品	*135,000*
諸　　　口	*31,050*	製造部門費配賦差異	*10,050*
	145,050		*145,050*

製造部門費配賦差異

第2製造部門費	*10,050*	第1製造部門費	*15,050*

6

部　門　費　振　替　表

（相互配賦法）　　　　令和○年10月分

部　門　費	配賦基準	金額	製造部門		補助部門		
			第1製造部門	第2製造部門	動力部門	修繕部門	工場事務部門
部門費計		*286,000*	*100,000*	*114,000*	*33,000*	*24,000*	*15,000*
動力部門費	(kW数×運転時間)	*33,000*	*18,000*	*12,000*	—	*2,100*	*900*
修繕部門費	修繕回数	*24,000*	*12,000*	*8,000*	*4,000*		—
工場事務部門費	従業員数	*15,000*	*5,400*	*6,600*	*1,800*	*1,200*	—
第1次配賦額		*72,000*	*35,400*	*26,600*	*5,800*	*3,300*	*900*
動力部門費	(kW数×運転時間)	*5,800*	*3,480*	*2,320*			
修繕部門費	修繕回数	*3,300*	*1,980*	*1,320*			
工場事務部門費	従業員数	*900*	*405*	*495*			
第2次配賦額		*10,000*	*5,865*	*4,135*			
製造部門費合計		*286,000*	*141,265*	*144,735*			

借　　方		貸　　方	
第1製造部門費	*41,265*	動力部門費	*33,000*
第2製造部門費	*30,735*	修繕部門費	*24,000*
		工場事務部門費	*15,000*

7

		借　　方		貸　　方	
6/30	①	仕　掛　品	*950,000*	第1製造部門費	*630,000*
				第2製造部門費	*320,000*
	②	第1製造部門費	*455,000*	製造間接費	*956,000*
		第2製造部門費	*260,000*		
		動力部門費	*169,000*		
		修繕部門費	*72,000*		
	③	第1製造部門費	*165,000*	動力部門費	*169,000*
		第2製造部門費	*76,000*	修繕部門費	*72,000*
	④	第1製造部門費	*10,000*	製造部門費配賦差異	*10,000*
	⑤	製造部門費配賦差異	*16,000*	第2製造部門費	*16,000*

部　門　費　振　替　表

（直接配賦法）　　　　令和○年6月分

部　門　費	配賦基準	金　額	製造部門		補助部門	
			第1製造部門	第2製造部門	動力部門	修繕部門
部門費計		*956,000*	*455,000*	*260,000*	*169,000*	*72,000*
動力部門費	kW数×運転時間	*169,000*	*117,000*	*52,000*		
修繕部門費	修繕回数	*72,000*	*48,000*	*24,000*		
配賦額計		*241,000*	*165,000*	*76,000*		
製造部門費合計		*956,000*	*620,000*	*336,000*		